LIBRI I KOM GATINIMIT TË FËMIJËVE DHE TË FUSHËVE

100 receta të shëndetshme dhe të lehta të pureve shumë më të mira, ushqimeve me gishta dhe vakteve për fëmijë për familje të lumtura

Aida Preçi

TABELA E PËRMBAJTJES

PREZANTIMI

Është një hap i parë emocionues kur i vogli juaj fillon të lëvizë drejt bashkimit me botën e ngrënies së mirë dhe shijeve ekzotike. Një ditë, tufa juaj e gëzimit do të jetë të shijoni pica me miqtë pas shkollës, gaforre dhe kanape në restorantin e tyre të preferuar dhe verë të mirë me një tjetër të rëndësishëm. Por së pari, ata duhet të pushtojnë bazat e Ushqimit për Fëmijë - dhe ju gjithashtu!

Lëvizja e fëmijës tuaj nga një dietë e lëngshme me qumësht gjiri ose formula në ushqime gjithnjë e më të ngurta nuk është gjithmonë aq e thjeshtë sa mund të duket. Shumë nëna e shohin ushqyerjen e foshnjës si një nga detyrat më të vështira dhe më të vështira të vitit të parë. Megjithatë, me këtë udhëzues të lehtë për t'u ndjekur në majë të gishtave, ju mund ta mësoni fëmijën tuaj të hajë me besim dhe aftësi. Me njohuritë e duhura në dorë, ju do të minimizoni dhimbjet e kokës dhe do të siguroni që fëmija juaj të zhvillojë aftësitë e tij/saj të të ushqyerit shpejt, me efikasitet dhe sa më këndshëm që të jetë e mundur.

KOKRIRA

1. Drithëra orizi

Përbërësit

- $\frac{1}{4}$ filxhan pluhur orizi
- 1 gotë ujë

Drejtimet

a) Sillni ujin të vlojë.

b) Duke i trazuar, shtoni pluhurin e orizit.

c) Ziejini për rreth 10 minuta, duke e përzier vazhdimisht.

2. Bollgur Drithëra

Përbërësit

- $\frac{1}{4}$ filxhan tërshërë të bluar, të prerë në çelik
- $\frac{3}{4}$ filxhan deri në 1 filxhan ujë

Drejtimet

a) Sillni ujin të vlojë.

b) Duke i trazuar, shtoni tërshërën e bluar.

c) Ziejini për 1520 minuta duke e përzier shpesh.

d) Këshillë: Edhe pse tërshërës së prerë në çelik kërkon më shumë kohë për t'u gatuar, ato ruajnë më shumë lëndë ushqyese sesa tërshëra e menjëhershme ose e gatuar shpejt.

3. Drithëra elbi

Përbërësit

- $\frac{1}{4}$ filxhan elb të bluar
- 1 gotë ujë

Drejtimet

a) Sillni ujin të ziejë.

b) Duke i trazuar, shtoni elbin.

c) Ziejini për 10 minuta duke e përzier vazhdimisht.

4. Qull me oriz me fruta

Përbërësit

- $\frac{1}{2}$ filxhan drithëra orizi
- $\frac{1}{2}$ filxhan salcë molle
- $\frac{1}{4}$ filxhan lëng rrushi të bardhë

Drejtimet

a) Në një tigan mesatar, kombinoni qull orizi dhe lëng rrushi të bardhë.

b) Ngroheni ngadalë, duke e përzier vazhdimisht; mos lejoni të ziejë

c) Përzieni salcën e mollës

5. Tas me oriz me banane

Përbërësit

- $\frac{1}{2}$ filxhan drithëra orizi
- 1 banane e pjekur

Drejtimet

a) Pure bananen me një pirun
b) Grini drithërat e orizit në banane
c) Përziejini derisa të arrihet një konsistencë homogjene

6. Oriz i shijshëm i këndshëm

Porcionet: 6-8

Përbërësit

- 40 g qepë, të copëtuar
- 100 gr oriz basmati
- 450 ml ujë të vluar
- 140 gr kungull gjalpë
- 50 g djathë të fortë si çedër ose Monterey Jack
- 23 domate të grira
- vaj vegjetal për gatim

Drejtimet

a) Skuqini qepën në pak vaj derisa të zbutet. Hidhni orizin basmati dhe derdhni mbi ujë të vluar. Mbulojeni dhe ziejini për 8 minuta.

b) Përzieni kungullin, mbulojeni dhe ziejini për rreth 12 minuta të tjera në zjarr të ulët, duke i trazuar derisa uji të thithet. Ndërsa po gatuhet, skuqni domatet e copëtuara për 2 minuta, përzieni djathin dhe më pas përzieni përafërsisht të dy përzierjet duke përdorur një pirun përpara se t'i shërbeni.

7. Qull për bebe

Porcionet: 2-3

Përbërësit

- 1 mollë, e qëruar dhe me bërthama
- 1 banane e qëruar
- 6 lugë qumësht për fëmijë ose qumësht lope
- 1 lugë tërshërë të mbështjellë

Drejtimet

a) Pritini mollën dhe bananen në 4 pjesë. Më pas, vendosni mollën në një tigan me pak ujë të vluar dhe lëreni për 5 minuta derisa të zbutet. Kullojeni dhe lëreni të ftohet. Pasi të jetë ftohur, vendosni mollën dhe bananen në një gotë dhe bëjini pure në një konsistencë të butë duke përdorur përpunuesin e dorës.

b) Ndërkohë, qumështin dhe tërshërën e vendosim në një tigan dhe e ngrohim lehtë derisa të vlojë dhe të trashet. Lëreni të ftohet, më pas përdorni përpunuesin e dorës për t'i përzier së bashku me mollën dhe bananen.

8. Muesli Bircher

Porcionet: 3-4

Përbërësit

- 2 lugë tërshërë
- 3 lugë qumësht lope me yndyrë të plotë
- 3 lugë gjelle ujë
- 1 lugë kos
- 100 g fruta të thata
- 1 dardhe e vogel

Drejtimet

a) Përziejini së bashku të gjithë përbërësit, përveç dardhës, mbulojeni dhe vendoseni në frigorifer gjatë natës. Para se ta servirni, grijeni dardhën dhe përzieni në masën e tërshërës.

b) Shërbejeni të ftohtë në verë, ose ngroheni butësisht për një mëngjes të ngrohtë dimëror.

FRUTA

9. Pure Kajsie

Përbërësit

- 1 filxhan kajsi të copëtuara
- 1 filxhan lëng molle, lëng rrushi të bardhë ose ujë

Drejtimet

a) Në një tenxhere të vogël-mesatare, vendosni frutat dhe lëngjet të ziejnë.

b) Ziejini për 810 minuta

c) Kullojeni përzierjen në një blender; kurseni lëngun e mbetur.

d) Përdorni blenderin për të bërë pure përzierjen. Shtoni lëngun e mbetur derisa të arrini konsistencën e dëshiruar.

10. Salcë molle me fruta të përziera

Përbërësit

- 1 filxhan copa molle të qëruara
- ½ filxhan fruta sipas zgjedhjes suaj
- 1 ½ filxhan ujë

Drejtimet

a) Shtoni fruta dhe ujë në një tenxhere të mesme.

b) Ziejeni derisa fruti të zbutet.

c) Kullojeni duke kursyer lëngun e mbetur.

d) Pureni përzierjen e frutave duke përdorur një pirun ose pure për patate.

e) Vendoseni përzierjen në blender ose procesor ushqimi dhe bëjeni pure.

f) Shtoni lëngun e mbetur derisa të arrini konsistencën e dëshiruar.

11. Mush me avokado me banane

Përbërësit

- 1 banane e pjekur
- 1 avokado e pjekur

Drejtimet

a) Qëroni bananen dhe shtoni në një tas.

b) Qëroni avokadon, hiqni farat dhe priteni në copa. Shtoni në tas.

c) Grini bananen dhe avokadon së bashku me një pirun derisa të arrihet konsistenca e dëshiruar.

12. Kube mango

Përbërësit

- 1 mango e pjekur

Drejtimet

a) Qëroni mangon dhe hiqni farën
b) Pritini frutat në copa të madhësisë së foshnjës
c) Ngrijë

13. Smoothie pjeshke

Përbërësit

- 1 pjeshkë e pjekur
- 2 lugë qumësht gjiri ose formulë

Drejtimet

a) Ziejini pjeshkën në avull derisa të zbutet

b) Hiqni lëkurën dhe gropën

c) Kur të ftohet, bëni pure frutat në një blender ose procesor ushqimi

d) Shtoni qumështin e gjirit ose formulën derisa të arrihet konsistenca e dëshiruar

14. Mollë dhe manaferrë budalla

Porcionet: 3-4

Përbërësit

- Një mollë (rreth 100 g), e qëruar, e prerë dhe e prerë
- 50 gr manaferra
- 150 gr kos me yndyrë të plotë

Drejtimet

a) Gatuani mollën e grirë së bashku me manaferrat e lara, për 5 minuta. Pureeni me pak ujë duke përdorur përpunuesin e dorës.

b) Lëreni të ftohet dhe përzieni me kos përpara se ta shërbeni.

15. Komposto me kumbulla të thata dhe qershi

Porcionet: 1 deri në 2 lugë çaji

Përbërësit

- 250 ml ujë
- 60 g kajsi të thata, të copëtuara
- 25 g sheqer kafe të hapur
- 1/2 lugë çaji lëvore limoni të copëtuar
- majë kanellë
- 60 gr kumbulla të thata pa kokrra, të përgjysmuara
- 30 g qershi të thata
- $\frac{1}{2}$ lugë çaji esencë vanilje

Drejtimet

a) Në një tigan të madh, me fund të rëndë, ngrohni ujin dhe vendosni kajsitë, sheqerin kaf, lëkurën e limonit dhe kanellën të ziejnë në zjarr të fortë. Ulni nxehtësinë dhe ziejini pa mbuluar për 5 minuta. Hidheni përzierjen në një tas të madh; përzieni kumbullat e thata, qershitë e thata dhe vaniljen. Përziejini me procesor dore dhe shërbejeni në
b) temperaturë ambienti.

16. Byrek me mish me fruta

Bën përafërsisht. 300 gr

Përbërësit

- 150 g mish viçi të grirë,
- 50 g qepë, të prerë në katër pjesë
- 30 g sulltanezë
- 1 mollë gatimi e qëruar, e prerë dhe e prerë në kubikë
- 1 lugë gjelle pure domate
- 2 lugë gjelle lëng viçi të bërë në shtëpi (ose kripë tjetër pa shtuar).
- 100 g patate të gatuara, pure
- 150 ml ujë të vluar

Drejtimet

a) Ngroheni furrën në 180°C. Përziejini së bashku mishin e viçit, qepët, sulltanet dhe mollët në një enë kundër furrës. Duke përdorur përpunuesin e dorës, përzieni purenë e domates me lëngun dhe shtoni në masën e mishit të viçit.

b) Mbulojeni dhe gatuajeni për 30 minuta. Hidhni një lugë pure patatesh sipër përzierjes së mishit.

PERIMET

17. Perime të përziera

Përbërësit

- ½ filxhan karrota të prera në feta
- ½ filxhan majdanoz të copëtuar, të qëruar
- ½ filxhan bizele të ngrira

Drejtimet

a) Ziejini karotat, bizelet dhe majdanozet deri sa të zbuten

b) Kullojeni

c) Bëjeni pure në një blender ose procesor ushqimi, duke shtuar ujë shtesë derisa të arrihet konsistenca e dëshiruar

18. Darka Perime

Përbërësit

- $\frac{1}{2}$ filxhan bishtaja të ngrira
- 1 patate e qëruar, e prerë në kubikë
- $\frac{1}{2}$ filxhan kungull i njomë
- $\frac{1}{4}$ filxhan karrota të copëtuara

Drejtimet

a) Shtoni të gjitha perimet në një tigan të mesëm; mbulojeni me ujë deri në $\frac{1}{2}$ inç mbi sipërfaqen e perimeve.

b) Ziejini derisa të zbuten

c) Pureeni me pirun ose pure në një blender ose procesor ushqimi

19. Përzierje kungujsh

Përbërësit

- $\frac{1}{2}$ filxhan kungull i njomë i copëtuar
- $\frac{1}{2}$ filxhan kungull veror të copëtuar
- $\frac{1}{2}$ filxhan patate të ëmbël të qëruar, të copëtuar
- 1 lugë qepë e grirë

Drejtimet

a) Vendosni perimet në një tigan të mesëm; mbulojeni me ujë deri në $\frac{1}{2}$ inç mbi perimet

b) Ziejini derisa të zbuten

c) Bëjeni pure ose pure derisa përzierja të arrijë konsistencën e dëshiruar

20. Patate të ëmbla me kokrra të kuqe

Përbërësit

- 1 patate e ëmbël, e qëruar dhe e prerë në kubikë
- ½ filxhan manaferra të përziera të ngrira, të shkrira

Drejtimet

a) Ziejini kubet e patates së ëmbël deri sa të zbuten
b) Kullojeni, shtoni në procesor ushqimi ose blender
c) Shtoni manaferrat e shkrirë
d) Pure deri në konsistencën e dëshiruar

21. Pure lulelakrash

Përbërësit

- 1 filxhan lulelakër të copëtuar
- 1 filxhan bizele të ngrira
- 1 filxhan mish kungulli me gjalpë të pjekur

Drejtimet

a) Ziejini bizelet e ngrira dhe lulelakrën e copëtuar derisa të zbuten
b) Shtoni bizelet, lulelakrën dhe kungullin në një përpunues ushqimi ose blender
c) Pure deri në konsistencën e dëshiruar

22. Makarona me kungull i njomë

Porcionet: 2-3

Përbërësit

- 50 gr makarona të vogla të gatuara
- 1 kungull i njomë mesatar, i prerë në feta
- 1 lugë çaji qiqra
- spërkatje me vaj perimesh ose ulliri
- 25 g djathë të grirë

Drejtimet

a) Ziejini kungulleshkat në avull për rreth 3 minuta (derisa të zbuten). Shtoni pak vaj dhe përzieni në një konsistencë të trashë duke përdorur përpunuesin tuaj të dorës, më pas përzieni qiqrat.

b) Hedhim kungulleshkat mbi makaronat e ngrohta. Nëse dëshironi shtoni pak djathë të grirë.

23. Domate dhe patate me rigon

Porcionet: 6

Përbërësit

- 125 g patate të qëruara dhe të prera
- 100 g lulelakër në lule të vogla
- 30 g gjalpë
- 200 g domate të konservuara
- majë rigon
- 35 g djathë Gloucester të grirë dyfish

Drejtimet

a) Vendosni patatet në një tigan me ujë të vluar, zvogëloni nxehtësinë dhe ziejini për 7 minuta, më pas shtoni lulelakra dhe ziejini derisa të gjitha perimet të zbuten. Kullojini, më pas shtoni domatet dhe përbërësit e tjerë.

b) Përziejini në një konsistencë me teksturë duke përdorur përpunuesin tuaj të dorës.

24. Perime me krem

Porcionet: 2-3

Përbërësit

- 1 karotë e vogël e qëruar dhe e prerë
- 1 kungull i njomë i vogël i grirë
- 2 lule brokoli
- 2 lugë qumësht me yndyrë të plotë
- 1 lugë gjelle oriz bebe

Drejtimet

a) Ziejini perimet në avull derisa të zbuten, kjo do të zgjasë 6 minuta. Ndërkohë, ngrohni qumështin dhe bëni orizin e bebit sipas udhëzimeve të prodhuesit. Kulloni perimet dhe lërini të ftohen pak.

b) Tani vendosni perimet në një gotë, më pas shtoni orizin për fëmijë dhe purenë duke përdorur përpunuesin tuaj të dorës në një konsistencë të qetë.

25. Rizoto me banane

Porcionet: 10

Përbërësit

- 225 g oriz rizoto
- 50 gr margarinë
- 50 gr qepë të prerë në katër pjesë dhe të grira
- 30 g miell
- 550 ml qumësht
- 30 gr djathë parmixhano
- 450 g banane jo shumë të pjekura

Drejtimet

a) Ziejeni orizin në ujë të vluar derisa të zbutet (rreth 15 minuta). Ndërkohë grijmë qepën dhe e skuqim butësisht derisa të zbutet në pak margarinë. Përzieni qepën e gatuar në orizin e gatuar.

b) Në një tigan të veçantë shkrini margarinën e mbetur dhe përzieni miellin. Ngadalë shtoni qumështin duke e përzier vazhdimisht.

c) Lëreni të vlojë dhe ziejini për 1 minutë. Shtoni djathin dhe përzieni derisa të shkrihet. Qëroni dhe prisni bananet në feta dhe përziejini me përzierjen e orizit.

d) Përziejini të gjithë përbërësit së bashku shkurtimisht duke përdorur përpunuesin tuaj të dorës.

26. Rizoto me kungull i njomë

Porcionet: 3-4

Përbërësit

- 2 luge vaj ulliri
- 50 gr oriz rizoto
- 100 ml ujë të nxehtë ose lëng perimesh pa kripë
- kungull i njomë , i prerë në copa
- 20 g djathë të fortë të grirë hollë

Drejtimet

a) Shtoni orizin në vaj në një tigan dhe përzieni që të mbulohen kokrrat. Mbuloni orizin me ujë të nxehtë, përzieni dhe ziejini për 12 minuta, duke shtuar më shumë ujë/magazin nëse kërkohet. Më pas, shtoni kungull i njomë dhe përzieni mirë.

b) Gatuani edhe për 5 minuta të tjera. Kur orizi është shumë i butë, shtoni djathin dhe përzieni. Bëjeni pure me procesorin tuaj të dorës.

27. Ratatouille për bebe

Porcionet: 4

Përbërësit

- 1 lugë çaji vaj ulliri
- 40 gr qepë të grirë në katër pjesë dhe të grira hollë
- kungull i njomë i prerë në kubikë
- 1 spec i kuq i vogel i prere dhe i prere ne kubik
- 4 domate, të pastruara me lëkurë dhe fara (ose gjysmë kanaçe domate të copëtuara)

Drejtimet

a) Ngrohim vajin në një tigan dhe kaurdisim qepën derisa të zbutet, më pas shtojmë perimet e tjera. E trazojmë një herë më pas e mbulojmë dhe e ulim zjarrin.

b) Lërini të gatuhen derisa perimet të jenë të buta. Lëreni të ftohet pak dhe më pas bëni pure në tigan duke përdorur procesorin e dorës. Shërbejeni me pure patate.

28. Gulash bebe

Porcionet: 3-4

Përbërësit
1. 50 g mish viçi të grirë
2. 68 kërpudha të copëtuara
3. ml i thjeshtë frais
4. 1 lugë gjelle ketchup

Drejtimet
a) Kafni mishin e grirë në një tigan të madh dhe derdhni yndyrën e tepërt. Përziejini të gjithë përbërësit e tjerë në të njëjtin tigan, duke i trazuar.
b) Ziejini për 15 minuta më pas lëreni të ftohet. Bëjeni pure në tigan duke përdorur përpunuesin e dorës.
c) Shërbejeni me patate pure të trashë.

29. Djathë me lulelakër

Porcionet: 3-4

Përbërësit

- 200 gr lulelakër të larë
- 20 g gjalpë
- 2 lugë çaji miell të thjeshtë
- 200 ml qumësht
- 40 gr djathë të grirë mesatarisht të fortë si çedër, gruyere ose gouda

Drejtimet

a) Ndani lulelakrën në lule të vogla dhe ziejini me avull për 10 12 minuta. Ndërkohë përgatisni salcën duke shkrirë gjalpin në një tigan të vogël, duke e përzier miellin për të bërë një pastë të butë, duke shtuar qumështin dhe duke e trazuar derisa të trashet. Hiqeni tiganin nga zjarri dhe përzieni djathin e grirë.

b) Shtoni lulelakrën dhe purenë në tigan duke përdorur përpunuesin tuaj të dorës.

30. Pure e karotës, lulelakrës, spinaqit dhe djathit

Porcionet: 2-3

Përbërësit
- 1 karotë e madhe, e qëruar dhe e prerë në copa të mëdha
- 50 gr lulelakër (e prerë në pjesë të vogla)
- 1/3 kallaj domate të copëtuara
- 30 g djathë të fortë të grirë si parmixhan
- 50 gr gjethe spinaqi bebe

Drejtimet
a) Ziejini me avull karotën dhe lulelakrën derisa të zbuten. Vendoseni në njërën anë që të ftohet pak. Ndërkohë ngrohim domatet e konservuara në një tigan tjetër dhe kur të nxehen plotësisht i përziejmë djathin.

b) Pasi djathi të jetë shkrirë, shtoni spinaqin dhe gatuajeni duke e trazuar derisa të shuhet.

31. Potage djathi dhe perimesh

Porcionet: 68 | Bën përafërsisht. 450 g | Koha e gatimit: 20 minuta

Përbërësit

- 250 gr patate të qëruara dhe të prera në kubikë të vegjël
- 50 gr patate e ëmbël, e qëruar dhe e prerë
- 25 g gjalpë pa kripë
- $\frac{1}{2}$ presh i vogël, i grirë hollë
- 1 luge miell
- 100 ml qumësht
- 50 g djathë të grirë

Drejtimet

a) Mbuloni patatet dhe patatet e ëmbla me ujë të vluar në një tigan dhe ziejini derisa të zbuten (rreth 1015 minuta). Hiqni gjysmën e patateve dhe lërini mënjanë, më pas bëni pure patatet e mbetura dhe ujin e zierjes në tigan duke përdorur përpunuesin e dorës.

b) Shkrini gjalpin në një tenxhere dhe kaurdisni preshin derisa të zbutet.

c) Hidhni miellin, më pas shtoni qumështin ngadalë duke e përzier gjatë gjithë kohës. Përzieni perimet e pure, kupat e patateve të gatuara dhe djathin në salcë dhe shërbejini kur

d) të jenë ftohur mjaftueshëm për t'i ngrënë.

32. Sallatë me patate dhe avokado

Porcionet: 5-6

Përbërësit

- 1 patate e madhe, e qëruar dhe e prerë në kubikë të vegjël
- 1 avokado, të qëruar dhe të hequr gurët
- 1 lugë kos grek

Drejtimet

a) Ziejeni pataten derisa të zbutet (rreth 10 – 15 minuta). Përzieni avokadon duke përdorur përpunuesin e dorës dhe përzieni kosin. Shtoni patatet e gatuara tek avokado dhe kosi sa janë ende të ngrohta.

b) Shërbejeni të ngrohtë ose vendoseni në frigorifer dhe shërbejeni të ftohur.

33. Kuskusi me mollë

Porcionet: 4

Përbërësit
- 100 gr kuskus të zhytur në lëng molle të ngrohtë për 5 minuta
- 2 lugë kos natyral
- 50 g mollë të gatuar

Drejtimet
a) Përziejini të gjithë përbërësit së bashku në gotë dhe përziejini për 5 – 10 sekonda me procesorin tuaj të dorës.

34. Format e makaronave me vaj

Porcionet: 4

Përbërësit
- 100 gr makarona në forma të vogla
- 100 gr kungull i zier me gjalpë
- lëng molle pa sheqer

Drejtimet
a) Gatuani makaronat për 10 – 15 minuta. Ndërsa makaronat janë duke u gatuar, përzieni kungullin me pak lëng molle për të krijuar një salcë.
b) Salcën e ngrohtë dhe derdhni sipër makaronave të gatuara për t'i shërbyer.

35. Sallatë frutash dimërore

Porcionet: 8

Përbërësit

- 500 gr fruta të thata (kumbulla të thata, dardha, kajsi, fiq)
- 600 ml ujë
- 2 pika esencë vanilje
- 1 lugë gjelle lëng limoni të freskët
- Kos, për të shërbyer

Drejtimet

a) Vendosni frutat dhe ujin në një tenxhere të madhe. Shtoni esencën e vaniljes. Lëreni të vlojë dhe përzieni mirë, zvogëloni zjarrin dhe ziejini për 10 minuta derisa të bëhet shurup. Hiqeni tiganin nga zjarri, më pas, pasi të ftohet pak, derdhni frutat dhe lëngun në një enë dhe shtrydhni në të pak lëng limoni. Pureeni butësisht me procesorin e dorës. Mund të shërbehet e ngrohtë ose e ftohtë, me një copë kos

b) sipër.

c) Anëtarëve të tjerë të familjes do ta pëlqejnë këtë sallatë frutash dimërore ngrohëse. Ju mund të dëshironi të ëmbëlsoni pak me pak mjaltë ose sheqer kaf dhe të lini fazën e purejes.

36. Makarona me salcë domate me djathë

Porcionet: 2

Përbërësit

- 1 lugë çaji vaj ulliri
- 50 gr qepë të grirë në katër pjesë dhe imët
- 80 gr karotë, të qëruar, të prerë në copa dhe imët
- 1 gjethe dafine
- 150 g domate të grira
- 2 lugë çaji çedër ose parmixhan të grirë
- 1 lugë makarona në forma të vogla

Drejtimet

a) Ngrohni vajin në një tigan të vogël. Kaurdisni lehtë qepën dhe karotën derisa të zbuten, më pas lëreni mënjanë gjysmën e masës. Në pjesën e mbetur shtoni gjethen e dafinës dhe domatet e grira.

b) Mbulojeni dhe ziejini për 10 minuta, duke e përzier herë pas here. E heqim nga zjarri, i shtojmë djathin dhe e trazojmë. Gatuani dhe kulloni makaronat.

c) Hiqni gjethen e dafinës nga salca, më pas bëni pure duke përdorur përpunuesin e dorës. Shtoni makaronat e kulluara dhe perimet që keni lënë mënjanë më parë, i përzieni dhe i servirni.

37. soje, kungulleshka dhe domate

Porcionet: 3

Përbërësit

- 1 lugë çaji vaj vegjetal
- 40 gr qepë, pjesë e copëtuar dhe e grirë hollë
- kungull i njomë i prerë në copa
- 50 g grirë soje
- 200 gr domate te grira te konservuara
- 1 lugë gjelle lëng molle të freskët pa sheqer
- gjethe borziloku të freskët, të copëtuara
- 35 g makarona të thata

Drejtimet

a) Vendosim vajin vegjetal në një tigan mbi zjarr mesatar, shtojmë qepën dhe e kaurdisim derisa të zbutet. Shtoni kungulleshkat dhe ziejini derisa të zbuten. Hidhni grirën e sojës dhe vazhdoni të gatuani derisa të nxehet dhe të skuqet në mënyrë të barabartë. Shtoni domatet dhe lërini të ziejnë për 5 minuta. Shtoni lëngun e mollës dhe borzilokun e freskët dhe gatuajeni edhe për 5 minuta të tjera derisa salca të trashet.

b) Ndërkohë gatuajmë makaronat. Kur salca të jetë gati, qëndroni derisa të ftohet pak, më pas përzieni në tigan duke përdorur përpunuesin e dorës për t'ju dhënë një salcë domate të butë.

c) Shtoni makaronat e gatuara dhe përziejini në një masë lehtësisht të tretshme.

38. Kungull i njomë pate

Porcionet: 4

Përbërësit

- njomë të mesme , të prera në copa
- 75 gr krem djathi
- Majë e vogël paprika
- Majë e vogël kopër të freskët

Drejtimet

a) kungujt me avull derisa të zbuten (6 8 minuta), më pas i bëni pure në një gotë duke përdorur përpunuesin e dorës dhe i lini të ftohen.

b) Përzieni kremin e djathit, duke shtuar barishte, më pas shërbejeni. Shërbejeni me copa buke.

39. Rizoto me misër të ëmbël

Porcionet: 4

Përbërësit
- 1 qepë mesatare, e grirë
- grusht misër të ngrirë
- 125 g oriz
- 50 g djathë parmixhano të grirë, më pas të grirë hollë
- 500 ml lëng perimesh ose pule pa kripë
- 1 lugë vaj vegjetal

Drejtimet
a) Zbutni qepën në vaj, shtoni orizin dhe ngrohni për 2 minuta, derisa orizi të lyhet mirë me vaj.
b) Hidheni në magazinë ngadalë për 15 minuta duke e përzier rregullisht, derisa orizi të bëhet i butë dhe ngjitës. Në 7 minuta, shtoni misrin e ëmbël.
c) Kur orizi dhe misri i ëmbël të jenë gatuar mirë, shtoni parmixhanin dhe përzieni tërësisht.

40. Makarona me kos dhe gjizë

Porcionet: 4

Përbërësit

- 120 gr petë
- 100 ml kos të thjeshtë
- 100 g gjizë
- 60 gr qepë të grira
- 1/2 thelpi hudhër, i copëtuar
- 2 lugë çaji rigon i freskët, i grirë
- 1 lugë gjelle gjalpë

Drejtimet

a) Gatuani petët sipas udhëzimeve të prodhuesit, më pas kullojini dhe lërini në njërën anë.

b) Më pas, përzieni përbërësit e tjerë përveç gjalpit dhe puresë duke përdorur përpunuesin e dorës. Ngrohni masën lehtë, më pas përzieni gjalpin në petët, hidhni petët me përzierjen e kosit dhe shërbejeni.

41. Makarona me kungull i njomë

Porcionet: 6

Përbërësit
- grusht arra pishe
- 250 gr tortelini të mbushura
- 50 g gjalpë
- 160 gr kungull i njomë i prerë në copa
- 1 thelpi hudhër, e prerë
- shtrydhja e limonit
- 23 gjethe borziloku

Drejtimet
a) Skuqeni lehtë arrat e pishës në një tigan të thatë mbi nxehtësi të ulët deri në ngjyrë kafe të çelur - kujdes, ato digjen lehtësisht! Më pas shtypni arrat e pishës duke përdorur një shtypës dhe llaç.

b) Gatuani tortelinët sipas udhëzimeve të prodhuesit dhe më pas kullojini. Skuqni kungullin e njomë dhe hudhrën në gjalpë për rreth 2 minuta derisa të jenë mjaft të buta që fëmija juaj të hajë, më pas shtoni një shtrydhje limoni. Shtoni tortelinat e gatuara dhe i përzieni mirë.

MISH/PESHK

42. Pureja bazë e viçit

Përbërësit

- 1 filxhan viçi i gatuar në kubikë
- $\frac{1}{2}$ filxhan ujë

Drejtimet

a) Shtoni mishin e viçit në një përpunues ushqimi ose blender dhe krijoni një pure të hollë

b) Vazhdoni të bëni pure derisa të arrihet konsistenca e dëshiruar

43. Pureja bazë e pulës

Përbërësit

- 1 filxhan gjoks pule të gatuar në kubikë
- $\frac{1}{2}$ filxhan lëng pule me pak natrium

Drejtimet

a) Shtoni mishin e viçit në një përpunues ushqimi ose blender dhe krijoni një pure të hollë

b) Vazhdoni të bëni pure, duke shtuar lëng mishi derisa të arrihet konsistenca e dëshiruar

44. Pureja bazë e peshkut

Përbërësit

- 1 filxhan peshk i bardhë i gatuar pa kocka
- $\frac{1}{4}$ filxhan ujë

Drejtimet

a) Shtoni peshkun në përpunuesin e ushqimit ose blenderin

b) Bëjeni pure derisa të arrihet konsistenca e dëshiruar, duke shtuar ujë sipas nevojës

45. Omeletë për bebe

Përbërësit

- 1 E verdhe veze
- $\frac{1}{4}$ filxhan qumësht
- $\frac{1}{4}$ filxhan djathë çedër i grirë
- $\frac{1}{4}$ filxhan karrota të pure

Drejtimet

a) Kombinoni përbërësit në një tas
b) I trazojmë mirë
c) Shtoni në tigan
d) Përziejini derisa të mos rrjedhë më

46. Tavë pule kremoze

Përbërësit

- 1 gjoks pule të grirë
- 1 patate e qëruar dhe e grirë
- $\frac{1}{2}$ filxhan karrota të copëtuara
- $\frac{1}{2}$ filxhan kungull veror të copëtuar
- $\frac{1}{2}$ filxhan kos

Drejtimet

a) Kombinoni pulën, perimet dhe erëzat në një tenxhere
b) Mbulojeni me ujë dhe lëreni të vlojë.
c) Ulni nxehtësinë, mbulojeni dhe ziejini për 3045 minuta ose derisa pula të jetë gatuar plotësisht dhe perimet të jenë të buta
d) Lëreni të ftohet
e) Shtoni pulën dhe perimet në përpunuesin e ushqimit ose blenderin dhe bëni purenë në konsistencën e dëshiruar, duke shtuar lëngun e mbetur sipas nevojës.
f) Shtoni kosin, vazhdoni të bëni pure në konsistencën e dëshiruar

47. Darka e peshkut

Porcionet: 2

Përbërësit

- 25 gr peshk i bardhë i zier (fileto)
- 1 lugë gjelle karrota të gatuara
- 1 lugë patate të ziera
- 1 lugë qumësht
- një dorezë e vogël gjalpë

Drejtimet

a) Pritini në kubikë karotat dhe patatet dhe shtoni në një tigan me ujë të vluar. Mbulojeni dhe ziejini. Pas 7 minutash, lëreni peshkun në pak qumësht ose ujë derisa të gatuhet.

b) Hiqni të gjithë përbërësit nga zjarri, kullojini dhe lërini të ftohen. Shtoni të gjithë përbërësit në tigan dhe bëni pure me procesorin e dorës.

48. Darka e mëlçisë

Porcionet: 4-5

Përbërësit

- 25 g mëlçi të qengjit
- 1 lugë gjelle spinaq ose lakër të gatuar
- 1 lugë patate të ziera
- 3 lugë gjelle lëng

Drejtimet

a) skuqeni në pak vaj për rreth 10 minuta, ose derisa të gatuhet. Ndërkohë vendosni patatet në një tigan me ujë të vluar dhe ziejini për rreth 7 minuta. Shtoni lakrën dhe gatuajeni edhe për 6 minuta të tjera.

b) Kulloni perimet, më pas vendosni të gjithë përbërësit në një tas dhe përziejini derisa të jetë homogjene me përpunuesin e dorës, duke shtuar lëng mishi ose lëng për të zbutur përzierjen sipas nevojës.

49. Vakt i lehtë me pulë dhe banane

Porcionet: 6

Përbërësit

- 1 gjoks pule pa kocka, pa lëkurë (afërsisht 100 g)
- 1 banane e vogël, e pjekur
- 100 ml qumësht kokosi

Drejtimet

a) Ngroheni furrën në 180°C. Pritini gjoksin e pulës përgjysmë përgjatë gjatësisë dhe mbusheni me banane. Vendoseni në një enë të vogël pjekjeje dhe sipër me qumësht kokosi.

b) Piqeni në 180°C për 40 minuta, ose derisa pula të jetë gatuar plotësisht.

c) Lëreni të ftohet më pas priteni në copa dhe bëjeni pure duke përdorur procesorin e dorës.

50. Qengji me elb perla

Porcionet: 3-4

Përbërësit

- 60 g mish qengji të grirë pa dhjamë
- 50 g elb perla
- 1 lugë gjelle. pure domatesh
- ½ thelpi hudhër
- 40 g qepë të prerë në katër pjesë
- 80 gr karotë të prerë në copa

Drejtimet

a) Ngrohim vajin në një tigan, më pas shtojmë perimet e grira dhe i kaurdisim për 5 minuta përpara se të shtojmë qengjin e grirë. Skuqini edhe për 5 minuta të tjera derisa mishi i qengjit të skuqet, më pas shtoni elbin e perlave dhe purenë e domates. Mbulojeni me ujë, përzieni dhe ziejini për 45 minuta, duke e përzier herë pas here.

b) Kur të jetë gatuar, lëreni të ftohet pak dhe më pas bëni pure në konsistencën e kërkuar duke përdorur përpunuesin e dorës.

51. Pulë me kajsi

Porcionet: 2-3

Përbërësit

- 1 gjoks i vogël pule, i prerë në kubikë (rreth 70 g)
- 4 kajsi të thata
- 1 qepe
- 1/2 shkop kanelle

Drejtimet

a) Prisni qepën. Skuqini së bashku me kajsitë dhe pulën e prerë në kubikë në pak vaj ulliri. Mbulojeni me ujë dhe shtoni shkopin e kanellës. Ziejini butësisht për 20 minuta derisa kajsitë të jenë të buta dhe salca të bëhet shurup. Hidhni kanellën.

b) Përziejini në tigan duke përdorur përpunuesin e dorës derisa të përftohet një konsistencë e përtypur.

c) Shërbejeni me patate pure.

52. Tavë e shijshme pule

Porcionet: 4-6

Përbërësit

- 1 qepë e vogël
- 1 gjoks pule, të grirë dhe të prerë në kubikë (rreth 100 g)
- 1 luge embelsire vaj ulliri
- 1 karotë e qëruar dhe e prerë në kubikë
- 1 gjethe dafine
- 2 kërpudha të fshira dhe të prera hollë
- 140 ml ujë
- petites pois të ngrira , të shkrira

Drejtimet

a) Prisni qepën, më pas skuqeni butësisht me pulën derisa pula të jetë gatuar nga të gjitha anët. Shtoni perimet, gjethen e dafinës dhe ujin. Mbulojeni dhe ziejini butësisht për 1520 minuta, përpara se të shtoni bizele. Gatuani edhe për 5 minuta të tjera derisa bizelet të jenë ngrohur.

b) Hiqni gjethen e dafinës dhe përziejeni në një konsistencë të përshtatshme për fëmijën tuaj me përpunuesin e dorës. Shërbejeni me copa pure patate ose makarona.

53. Dip ton

Porcionet: 6

Përbërësit

- gr prejardhje e thjeshtë frais
- 100 g ton të konservuar në vaj luledielli
- 2 domate te thara
- 20 gr krem i trashë
-

Drejtimet

a) Kullojeni tonin dhe përziejeni me farën frais dhe domate të grira të copëtuara duke përdorur përpunuesin e dorës.

b) Shtoni kremin dhe vendoseni në frigorifer për një orë përpara se ta shërbeni.

c) Shërbejeni me copa tost ose ëmbëlsira orizi.

54. Pure pule dhe dardhe

Porcionet: 3-4

Përbërësit

- 1 gjoks pule pa lëkurë, i prerë në kubikë
- 1 dardhë, të prerë dhe të prerë në kubikë
- 1 patate e ëmbël mesatare, e qëruar dhe e prerë në kubikë
- 120 gr kungull i njomë, i grirë imët
- 500 ml lëng perimesh ose pule me pak kripë

Drejtimet

a) Vendoseni lëngun në një tigan të madh dhe lëreni të vlojë. Shtoni pulën, zvogëloni zjarrin dhe ziejini për 10 minuta. Shtoni pataten e ëmbël dhe dardhën dhe ziejini për 10 minuta të tjera.

b) Shtoni kungull i njomë dhe ziejini edhe për 5 minuta, derisa të gjithë përbërësit të jenë gatuar dhe të zbutur. Bëjeni pure në tigan duke përdorur përpunuesin e dorës.

55. Pure kungulli me pulë dhe gjalpë

Porcionet: 6-8

Përbërësit

- 200 gr kungull i zier me gjalpë
- 100 g pulë të pjekur
- 125 g oriz kaf të zier

Drejtimet

a) Vendosini të gjithë përbërësit në një gotë me pak ujë ose qumështin normal të fëmijës suaj dhe bëni pure me përpunuesin e dorës në një konsistencë teksture që është e përshtatshme për fëmijën tuaj.

56. Pulë me misër dhe dardhë

Porcionet: 4-6

Përbërësit

- 100 g pulë
- 50 gr qepë të grirë në katër pjesë dhe më pas të grira
- 1 luge vaj ulliri
- 50 g misër të ëmbël
- 1 patate mesatare, e qëruar dhe e prerë
- $\frac{1}{2}$ dardhë e vogël, e qëruar, e prerë dhe e prerë
- 225 ml lëng pule ose perimesh me pak kripë

Drejtimet

a) Lani pulën, më pas prisni në feta. Skuqini butësisht qepën derisa të zbutet, më pas shtoni pulën dhe skuqeni për 10 minuta derisa të gatuhet.

b) Shtoni perimet dhe patatet, hidhni lëngun dhe ziejini lehtë për 15 – 20 minuta. Në fund, përzieni në tigan me procesorin tuaj të dorës.

57. Zierje viçi me pure karotash

Porcionet: 8-10

Përbërësit

- 250 gr biftek për zierje viçi, i prerë në kubikë
- 2 lugë çaji vaj ulliri
- 1 qepe, e prerë
- 1 karotë e qëruar dhe e prerë në copa 2 inç
- 2 patate mesatare, të qëruara dhe të prera në kubikë
- 250 ml ujë

Drejtimet

a) Ngrohni vajin në një tigan mbi nxehtësinë mesatare, më pas shtoni mishin e viçit dhe ziejini për 2 3 minuta derisa të marrin ngjyrë kafe. Shtoni perimet, patatet dhe ujin, përzieni dhe lërini të vlojnë. Më pas, ulni zjarrin, mbulojeni dhe ziejini butësisht për rreth një orë ose derisa mishi dhe perimet të zbuten. Bëjeni pure në tigan duke përdorur përpunuesin e dorës derisa të arrini strukturën e kërkuar

b) për fëmijën tuaj.

c) Për një zierje të shijshme familjare, thjesht lini jashtë fazën e purejes dhe shërbejeni familjes tuaj me një patate të pjekur ose copa bukë të freskët.

58. Pulë e pjekur dhe zierje me perime

Porcionet: 6-8

Përbërësit

- 150 g copa të vogla mishi të gjoksit pa lëkurë nga një pulë e pjekur
- 100 gr mish kungulli i prerë në kubikë
- 100 g patate të ëmbël, të prera në kubikë
- 2 lugë bizele
- 2 lugë gjelle misër të ëmbël
- ujë të zier të ftohur

Drejtimet

a) Pritini imët mishin e pulës dhe lëreni mënjanë. Ziejini në avull kungullin, pataten e ëmbël, bizelet dhe misrin. Bëni pure pulën dhe perimet duke përdorur përpunuesin tuaj të dorës. Përdorni ujin e zier të ftohur për të holluar purenë në konsistencën e dëshiruar. Lëreni të ftohet dhe shërbejeni.

59. Burgera me gjeldeti dhe kajsi

Bën. Përafërsisht. 300 gr

Përbërësit

- 50 gr qepë, pjesë e copëtuar dhe e copëtuar
- 1 lugë çaji vaj ulliri
- 150 gr gjoks gjeli i grirë
- 60 gr bukë të freskët të ushqimit të plotë
- 2 kajsi te grira
- 1/2 vezë mesatare të rrahur
- 2 lugë vaj luledielli, për tiganisje

Drejtimet

a) Kaurdisni qepën në vaj ulliri në nxehtësi mesatare derisa të zbutet, më pas lëreni të ftohet, më pas vendosni mishin e grirë të gjelit të detit dhe qepën e zier në një tas të madh, shtoni përbërësit e mbetur dhe përzieni tërësisht duke përdorur një pirun.

b) Duke përdorur dy lugë ëmbëlsirë, formoni përafërsisht një petë të përzierjes dhe hidheni butësisht në një tigan të nxehtë, duke ushtruar pak presion për të rrafshuar burgerin.

c) Gatuani derisa të skuqet mirë nga secila anë dhe lëreni të pushojë për 23 minuta përpara se ta shërbeni.

60. Kuskus i shijshëm i pulës

Porcionet: 4

Përbërësit

- 100 gr kuskus
- 20 g gjalpë
- 50 gr presh të prera në copa dhe të grira hollë
- 50 g gjoks pule, të hequr lëkurën dhe të prerë në kubikë
- 25 gr karrota të qëruara dhe të prera në kubikë
- 200 ml lëng pule pa kripë

Drejtimet

a) Shkrini gjalpin në një tigan dhe më pas shtoni preshin dhe zbuteni. Më pas shtoni pulën dhe skuqeni derisa të gatuhet.

b) Ndërsa mishi i pulës është duke u gatuar, zieni karrotën derisa të zbutet (rreth 10 minuta). Hidhni ujë të vluar në kubin tuaj të lëngut, më pas shtoni në kuskus në një tigan dhe lëreni nga zjarri për 3 deri në 4 minuta. Fryjeni me një pirun dhe shtoni pulën dhe karotat.

c) Për një qëndrueshmëri më të butë, bëjeni pure me procesorin tuaj të dorës.

61. Qofte për fëmijë në salcë

Bën përafërsisht. 25-30 qofte

Përbërësit
Qofte:

- 250 g mish derri të grirë pa dhjamë
- 50 gr qepë të prerë në katër pjesë dhe të grira
- 60 g kërpudha butona, të grira hollë
- 100 g thërrime buke dhe 2 të verdha veze
- 1 lugë vaj vegjetal

Salce domatesh:

- 250 gr domate të freskëta, të pastruara me lëkurë, me fara dhe të prera
- 150 ml ujë ose lëng perimesh dhe gjysmë qepë të vogël, të grirë hollë dhe 1 lugë gjelle pure domate
- 1 lugë gjelle barishte të freskëta të grira hollë si borziloku, majdanozi ose trumza

Drejtimet

a) Ngroheni furrën në 180°C. Pritini përbërësit, përzieni së bashku dhe ndajeni përzierjen në afërsisht 25 topa të cilët duhet të mbahen në frigorifer gjatë përgatitjes së salcës. Për të bërë salcën, vendosni të gjithë përbërësit në një tigan dhe lërini të ziejnë, më pas ziejini për rreth 20 minuta në zjarr të reduktuar.

b) Pasi ta lini të ftohet, përzieni në tigan duke përdorur procesorin e dorës. Skuqini në një tigan të lyer me vaj për rreth 10 minuta

SUPE

62. Supë pule

Përbërësit

- 1 filxhan gjoks pule të copëtuar, të pazier
- $\frac{1}{4}$ filxhan qepë të copëtuar
- $\frac{1}{4}$ filxhan karotë të copëtuar
- $\frac{1}{2}$ filxhan kungull i njomë i copëtuar
- 4 gota ujë

Drejtimet

a) Kombinoni përbërësit në një tenxhere dhe lërini të ziejnë
b) Ulni nxehtësinë, mbulojeni dhe ziejini për 3045 minuta, ose derisa pula të jetë gatuar mirë dhe karotat të jenë të buta
c) Lëreni të ftohet
d) Kullojeni në përpunuesin e ushqimit ose blenderin dhe bëjeni pure, duke shtuar lëng mishi derisa të arrihet konsistenca e dëshiruar

63. Supë me mish viçi me perime

Përbërësit

- 1 filxhan mish viçi të grirë
- 1 patate e qëruar dhe e grirë
- $\frac{1}{2}$ filxhan karotë të copëtuar
- $\frac{1}{4}$ filxhan qepë të copëtuar
- 5 gota ujë

Drejtimet

a) Vendosni të gjithë përbërësit në një tenxhere dhe lërini të vlojnë

b) Ulni nxehtësinë, mbulojeni dhe ziejini për 3045 minuta ose derisa viçi të jetë gatuar mirë dhe perimet të jenë të buta

c) Lëreni të ftohet

d) Shtoni mishin dhe perimet në një përpunues ushqimi ose blender dhe bëjeni pure, duke shtuar lëngun e mishit derisa të arrihet konsistenca e dëshiruar

64. Supë me kungull

Përbërësit

- 1 filxhan pure kungulli
- 2 gota supë pule me pak natrium
- $\frac{1}{4}$ lugë çaji piper i zi
- $\frac{1}{4}$ lugë çaji xhenxhefil
- 1 thelpi hudhër, e grirë

Drejtimet

a) Kombinoni përbërësit në një tenxhere dhe lërini të ziejnë
b) Ulni nxehtësinë, mbulojeni dhe ziejini për 15 minuta, duke e përzier shpesh

65. Supë me kungulleshka me gjalpë

Përbërësit

- 1 filxhan mish kungulli me gjalpë të zier në avull
- $\frac{1}{4}$ filxhan karota të ziera në avull
- 1/2 filxhan spinaq të ngrirë
- $\frac{1}{2}$ filxhan bizele të ngrira
- 2 gota supë pule me pak natrium

Drejtimet

a) Në një tenxhere, vendosni të gjithë përbërësit të ziejnë
b) Ulni nxehtësinë menjëherë
c) Mbulojeni dhe ziejini për 1015 minuta, duke e përzier herë pas here
d) Lëreni të ftohet
e) Shtoni përmbajtjen e tenxheres në një përpunues ushqimi ose blender dhe bëjeni pure

66. Supë me pika veze

Përbërësit

- 2 gota supë pule me pak natrium
- 2 te verdha veze
- lulelakër të prerë në kubikë

Drejtimet

a) Sillni lëngun e pulës, lulelakrën dhe erëzat të ziejnë në një tenxhere

b) Ulni nxehtësinë, mbulojeni dhe ziejini për 1520 minuta ose derisa lulelakra të jetë e butë

c) Ndërsa ende ziejnë, përzieni të verdhat e vezëve me një rrahëse teli

d) Vazhdoni të përzieni derisa e verdha e vezës të jetë e fortë

e) Lëreni të ftohet

f) Shtoni në një procesor ushqimi dhe bëjeni pure

67. Supë me asparagus

Porcionet: 4

Përbërësit

- 2 luge vaj ulliri
- 1 patate mesatare, e qëruar dhe e prerë në kubikë
- 500 ml lëng perimesh pa kripë
- 50 gr qepë të prerë në katër pjesë dhe
- 450 gr asparagus

Drejtimet

a) Pritini shpargujt në copa, duke hequr çdo pjesë të varur dhe skajet e forta të kërcellit.

b) Më pas, zbutni qepët në vaj ulliri në një tigan mbi nxehtësinë mesatare, më pas shtoni patatet, shpargujt dhe lëngun.

c) Mbulojeni dhe ziejini për 20 minuta. Në fund e përziejmë supën me përpunuesin e dorës në tigan deri sa të jetë homogjene dhe e shërbejmë me copa bukë të thekur.

68. Borscht për fëmijë (supë me panxhar)

Porcionet: 3-4

Përbërësit

- 3 panxhar mesatar, të grirë
- 1 patate mesatare, e prerë
- 1 qepë e vogël, e grirë
- 450 ml lëng perimesh me pak kripë
- 50 gr kos natyral

Drejtimet

a) Qëroni të gjitha perimet dhe vendosini në një tenxhere me lëng.

b) Lërini të vlojnë, më pas mbulojeni dhe ziejini për 30 minuta, derisa perimet të zbuten. Lëreni të ftohet dhe më pas përzieni në një tigan duke marrë një masë pureje duke përdorur përpunuesin e dorës.

c) Përzieni kosin natyral dhe më pas shërbejeni.

69. Supë me mollë dhe patate të ëmbla

Porcionet: 4

Përbërësit
- 2 lugë çaji gjalpë
- 2 lugë çaji miell
- 180 ml lëng pule me pak kripë
- 2 lugë çaji mollë të ziera
- 200 g patate të ëmbla të gatuara
- 50 ml qumësht

Drejtimet
a) Shkrini gjalpin në një tigan dhe përzieni miellin. Ngroheni dhe përzieni derisa masa të marrë ngjyrë të verdhë të artë. Shtoni lëngun ngadalë duke e trazuar, më pas shtoni mollën e gatuar dhe pataten e ëmbël.

b) Lëreni të vlojë, më pas ulni zjarrin dhe ziejini lehtë për 5 minuta.

c) Më pas, pastroni përzierjen në tigan duke përdorur përpunuesin tuaj të dorës, më pas shtoni qumështin, ngroheni butësisht dhe shërbejeni.

70. Supë me perime me rrënjë dhe qiqra

Porcionet: 10

Përbërësit

- 2 lugë vaj
- 2 qepë, të grira
- 2 karota, të grira
- 2 shkopinj selino, të grira
- 250 gr qiqra të konservuara
- 2 x 400 g kanaçe domate të copëtuara
- 1 lugë gjelle pure domate
- 1 lugë çaji sheqer kaf të butë
- 600 ml ujë
- 1 buqetë garni
- piper i zi i sapo bluar

Drejtimet

a) Ngrohim vajin në një tigan të madh, shtojmë qepët dhe i kaurdisim derisa të zbuten. Përziejini perimet dhe domatet me lëngun e tyre.

b) Shtoni përbërësit e mbetur, duke erëza me piper për shije. Lërini të vlojnë, mbulojeni dhe ziejini për 40 minuta, derisa perimet të zbuten. Ftoheni pak, hiqni buqetën garni , më pas përzieni në tigan duke përdorur përpunuesin e dorës.

c) Shërbejeni me gishta të thekur të lyer me gjalpë ose ëmbëlsira orizi.

71. Minestrone e thjeshtë

Porcionet: 6

Përbërësit

- 50 gr qepë të grirë në katër pjesë dhe imët
- 120 gr karotë të prerë në copa
- 50 gr presh i prerë në copa
- 2 patate mesatare, të qëruara dhe të prera në kubikë
- 200 g domate të grira
- 1000 ml lëng perimesh pa kripë
- 2 lugë çaji pure domate
- 75 g petites të ngrira pois
- 50 gr makarona (mundësisht forma)
- 2 lugë gjelle djathë parmixhano të grirë

Drejtimet

a) Skuqini qepën, karotat dhe preshin dhe ziejini derisa të zbuten (rreth 5 minuta), më pas shtoni pataten dhe gatuajeni edhe për 2 minuta të tjera.

b) Shtoni domatet, lëngun dhe purenë e domates dhe lërini të ziejnë, më pas ziejini për 1520 minuta. Më pas, shtoni bizelet dhe format e makaronave dhe gatuajeni edhe për 5 minuta të tjera. Bëjeni pure me procesorin tuaj të dorës.

c) Shërbejeni sipër me djathë.

PURÉE

72. Pure me spinaq dhe patate

Porcionet: 6

Përbërësit

- 1 lugë vaj vegjetal
- 40 gr presh, të prerë në copa dhe të prera
- 1 patate e qëruar dhe e prerë në kubikë
- 175 ml ujë
- 60 gr spinaq i freskët bebe, i larë dhe i hequr kërcellet

Drejtimet

a) Skuqini preshin në vaj vegjetal derisa të zbutet. Ndërsa preshi është duke u zier, presim pataten në copa dhe më pas shtojmë te preshi i zbutur.

b) Hidhni në ujë, më pas lëreni të vlojë, mbulojeni dhe ziejini për 6 minuta.

c) Shtoni spinaqin dhe gatuajeni për 3 minuta. Lëreni përzierjen të ftohet dhe më pas bëjeni pure duke përdorur përpunuesin e dorës në tigan.

73. Pure kungull i njomë dhe patate

Porcionet: 8

Përbërësit

- ½ presh i vogël, i grirë
- 15 g gjalpë
- 250 gr patate të qëruara dhe të prera në kubikë
- 200 ml lëng pule ose perimesh me pak kripë
- 1 kungull i njomë mesatar, i grirë

Drejtimet

a) Skuqini preshin në gjalpë derisa të zbuten, më pas shtoni copat e patateve dhe gatuajeni edhe për tre minuta të tjera. Mbulojeni me lëng, lëreni të vlojë dhe ziejini me kapak edhe për 5 minuta të tjera.

b) Më pas, shtoni kungull i njomë i grirë dhe ziejini për 10 – 15 minuta derisa të gjitha perimet të zbuten. Përziejini në tigan duke përdorur procesorin tuaj të dorës.

74. Pure me karrota dhe patate

Porcionet: 4

Përbërësit

- 2 patate mesatare, të qëruara dhe të prera
- 2 karota mesatare, të qëruara dhe të prera
- 1 lugë çaji gjalpë pa kripë

Drejtimet

a) Zieni copat e karotës dhe patateve derisa të zbuten për 15 minuta, më pas kullojini, lërini të ftohen dhe grijini tërësisht.

b) Përzieni gjalpin. Përziejini në një konsistencë me teksturë duke përdorur përpunuesin tuaj të dorës.

75. Pure me karrota dhe majdanoz

Porcionet: 6

Përbërësit
- 200 gr karota të qëruara dhe të prera në kubikë
- 200 gr majdanoz të qëruar dhe të prerë në kubikë

Drejtimet
a) Ziejini perimet në avull derisa të zbuten.
b) Bëjeni pure me përpunuesin e dorës dhe rregulloni strukturën me ujë të zier të ftohur ose qumështin e zakonshëm të foshnjës.

76. Pure me dardhe dhe patate te embel

Porcionet: 4

Përbërësit
- 1 patate e ëmbël mesatare, e pastruar dhe e përgjysmuar
- 1 dardhë e ëmbël, e qëruar, e hequr thelbin dhe e prerë në 8 pjesë

Drejtimet
a) Piqeni pataten e ëmbël në furrë të parangrohur në 180°C për 40 minuta derisa të zbutet.
b) Lëreni të ftohet, hiqni lëkurën dhe hidhni. Ziejini copat e dardhës për 5 minuta në një tigan me pak ujë të valë.
c) Kullojeni dhe ftohuni. Pritini patatet në copa dhe bëjeni pure deri në një konsistencë të qetë në tigan duke përdorur përpunuesin e dorës.
d) Hiqeni dhe vendoseni në njërën anë dhe më pas përsërisni procesin me dardhën. Shërbejeni patatet e pjekura me vorbull dardhe sipër.

77. Pure e shpejtë e pjeshkës së bananes

Porcionet: 4

Përbërësit
- 1 banane e vogël e pjekur
- 1 pjeshkë e madhe, shumë e pjekur, e hequr lëkurën dhe
  e prerë në copa

Drejtimet
a) Qëroni bananen dhe priteni në copa të vogla. Vendosni
   bananen dhe pjeshkët në gotë dhe shtoni një sasi të vogël
   uji ose lëng pjeshke.
b) Përziejini me procesorin e dorës derisa të jetë e qetë.

78. Pure me patate të ëmbël dhe avokado

Porcionet: 8

Përbërësit

- 200 gr patate e ëmbël, e prerë në kubikë
- ½ avokado e pjekur
- Qumështi i gjirit ose formula për t'u holluar
-

Drejtimet

a) Ziejini pataten në avull derisa të zbutet, më pas lëreni të ftohet. Shtoni avokadon në pataten e ëmbël dhe përziejeni derisa të jetë e butë dhe kremoze me përpunuesin tuaj të dorës.

b) Holloni në konsistencën e duhur për fëmijën tuaj me pak qumësht gjiri ose formulë.

79. Pure patëllxhani

Porcionet: 8

Përbërësit

- 1 patëllxhan i vogël
- 1 lugë vaj luledielli ose ulliri
- 1 lugë gjelle pure domate

Drejtimet

a) E pjekim patëllxhanin në furrë të parangrohur në 180°C për 50 minuta, më pas e nxjerrim nga furra, e lëmë të ftohet, e përgjysmojmë dhe e heqim mishin.

b) Vendoseni mishin e patëllxhanit në gotë së bashku me vajin dhe purenë e domates dhe përziejeni me përpunuesin e dorës për të marrë një konsistencë të qetë.

80. Pure kastraveci dhe barishte

Porcionet: 10

Përbërësit

- ½ kastravec
- 200 gr kos grek me qumësht të plotë
- majë çdo barishte të freskët sipas dëshirës tuaj

Drejtimet

a) Qëroni kastravecin dhe ndajeni në gjysmë përgjatë gjatësisë së tij, më pas hiqni farat dhe grijeni kastravecin imët.

b) Shtrydhni kastravecin e grirë për të hequr lëngun, më pas përziejeni me kos dhe barishte duke përdorur përpunuesin tuaj të dorës.

81. Pure me karrota dhe mollë

Porcionet: 10

Përbërësit
- 1 karotë e madhe, e qëruar dhe e prerë
- 1 patate e qëruar dhe e prerë
- 1 mollë e qëruar, e prerë dhe e prerë
- lëng perimesh ose ujë me pak kripë

Drejtimet
a) Vendosni kubet e karotave, patateve dhe mollës në një tenxhere dhe mbulojini me lëng ose ujë.
b) Lëreni të vlojë, më pas ziejini për rreth 10 minuta derisa të zbuten. Kullojini, më pas përziejeni në një konsistencë të qetë.

82. Pure me karrota dhe kajsi

Porcionet: 4-6

Përbërësit

- 1 karotë e madhe, e qëruar dhe e prerë në copa
- 4 kajsi, të qëruara (ose përdorni kajsi të thata)

Drejtimet

a) Vendosni karotat në një tigan me ujë të vluar, ulni nxehtësinë dhe ziejini për 10 minuta derisa të zbuten. Kullojini dhe shtoni në tigan kajsitë e grira.

b) Bëjeni pure në tigan duke përdorur përpunuesin e dorës.

83. Pure perimesh me rrënjë

Porcionet: 10

Përbërësit
- 1 patate mesatare, e qëruar dhe e prerë
- 1 karotë mesatare, e qëruar dhe e prerë në feta
- 1 majdanoz mesatar, i qëruar dhe i prerë në feta
- lëng perimesh ose ujë me pak kripë

Drejtimet
a) Vendosini perimet në një tigan dhe derdhni lëng aq sa të mbulohen.
b) Ziejini derisa perimet të zbuten (rreth 15 minuta). Bëjeni pure duke përdorur përpunuesin tuaj të dorës.

84. Pure për ushqim për fëmijë me pjepër dhe mango me pjepër

Porcionet: 12

Përbërësit

- 1 mango e pjekur, e qëruar, e hequr me gurë dhe e prerë në kubikë
- 1 fetë pjepër pjepër me madhësi të mirë, të qëruar dhe të prerë
- 1/2 banane e pjekur, e qëruar dhe e prerë në kubikë

Drejtimet

a) Vendosni të gjithë përbërësit në gotën tuaj dhe përziejeni me procesorin e dorës derisa të jetë homogjene.

85. Pure me karrota dhe mango

Porcionet: 5

Përbërësit

- 1 karotë mesatare, e qëruar dhe e prerë

- $\frac{1}{2}$ mango, hiqet lëkura dhe copëtohet

Drejtimet

a) Shtoni karotën e copëtuar në një tigan me ujë të vluar, ulni nxehtësinë dhe ziejini për 10 minuta derisa karotat të jenë të buta.

b) Kullojeni, lëreni të ftohet dhe më pas shtoni mangon të copëtuar në tigan dhe bëjeni pure derisa të jetë homogjene duke përdorur përpunuesin tuaj të dorës.

86. Pure suedeze dhe patate të ëmbël

Porcionet: 10

Përbërësit
- 250 gr suedezë, të qëruar dhe të prerë
- 250 gr patate e ëmbël, e qëruar dhe e prerë

Drejtimet
a) Vendoseni suedezin e copëtuar dhe pataten e ëmbël dhe ziejini në avull për 1520 minuta.
b) Lëreni të ftohet, shtoni pak ujë ose qumështin normal të fëmijës suaj dhe më pas bëni pure duke përdorur përpunuesin tuaj të dorës.

87. Pure me patate të ëmbël, spinaq dhe bishtaja

Porcionet: 10

Përbërësit

- 25 g gjalpë pa kripë
- 50 gr presh të lara mirë dhe të prera hollë
- 200 g patate të ëmbël
- 50 g bishtaja të ngrira
- 50 g spinaq të freskët ose të ngrirë për bebe (i larë nëse është i freskët)

Drejtimet

a) Shkrini gjalpin në një tigan dhe skuqni preshin derisa të zbutet, më pas shtoni pataten e ëmbël. Shtoni 250 ml ujë dhe lëreni të vlojë.

b) Më pas, mbulojeni me një kapak tigani dhe ziejini për 10 minuta derisa patatja e ëmbël të zbutet. Shtoni spinaqin dhe fasulet, më pas hiqeni nga zjarri dhe bëjeni pure me përpunuesin e dorës derisa të jetë homogjene.

88. Pure e peshkut të bardhë dhe salcës

Porcionet: 10

Përbërësit

- 20 g gjalpë pa kripë
- 50 g qepë të grirë hollë
- 1 karotë mesatare, e qëruar dhe e prerë në feta
- 240 ml ujë të vluar
- 100 gr peshk i bardhë, i pastruar me lëkurë dhe fileto – sigurohuni që të hiqni të gjitha kockat!
- 120 ml qumësht
- 1 gjethe dafine

Drejtimet

a) Fillimisht vendosim qepën në një tenxhere me 20 gr gjalpë dhe e skuqim derisa të zbutet. Më pas shtoni karotën, mbulojeni me ujë dhe ziejini për 10 – 15 minuta. Më pas, vendosni peshkun në një tigan me qumështin dhe gjethen e dafinës.

b) Ziejini për rreth 5 minuta derisa peshku të jetë gatuar, më pas hiqni gjethen e dafinës, hiqni peshkun dhe vendosni të gjithë përbërësit (përveç gjethes së dafinës) në një gotë dhe përzijeni me përpunuesin e dorës në konsistencën e dëshiruar për fëmijën tuaj.

89. Pure me banane dhe avokado

Porcionet: 6-8

Përbërësit
- 1 banane e pjekur, e qëruar
- 1 avokado e pjekur, e pastruar dhe e qëruar
- 1 lugë çaji jogurt me qumësht të plotë ose krem fraiche

Drejtimet
a) Thërrisni përafërsisht bananen dhe avokadon së bashku në një tas përpara se të shtoni një lugë kos ose krem fraiche dhe t'i përzieni në një konsistencë të butë duke përdorur përpunuesin tuaj të dorës.
b) Për foshnjat më të vogla, ju mund ta zëvendësoni kremin me qumësht gjiri ose formula për ta holluar.

90. Pure mango dhe boronicë

Porcionet: 4

Përbërësit
- 30 gr boronica
- $\frac{1}{2}$ mango e vogël e pjekur

Drejtimet
a) Qëroni mangon dhe copëtoni mishin.
b) Vendoseni në gotë së bashku me boronica dhe përzieni në një konsistencë të qetë duke përdorur përpunuesin tuaj të dorës.

91. Pure e ëmbël me patate dhe pjepër

Porcionet: 10

Përbërësit
- 200 gr patate e ëmbël e gatuar, e prerë në kubikë
- 200 gr pjepër pjepër, të prerë në kubikë
- 50 gr kos natyral

Drejtimet
a) Vendosni pjepërin dhe pataten e ëmbël të gatuar në një gotë dhe përziejeni me përpunuesin e dorës në një konsistencë të qetë.
b) Shtoni kosin dhe përziejini edhe për 10 – 20 sekonda. Vendoseni në frigorifer më pas shërbejeni të ftohtë.

92. Pure kungulli kremoz me gjalpë

Porcionet: 2-3

Përbërësit
- 200 gr kungull gjalpë, të grirë
- 1 lugë gjelle jogurt të thjeshtë me yndyrë të plotë

Drejtimet
a) Ziejini kungullin e grirë me gjalpë për 15 minuta, më pas lëreni të ftohet dhe vendosni të gjithë përbërësit së bashku në një gotë dhe përziejeni me përpunuesin e dorës në një masë pureje.

93. Pure me lulelakër dhe patate të ëmbël

Porcionet: 4

Përbërësit
- 1 patate e ëmbël e vogël, e qëruar dhe e prerë
- 3 ose 4 lulelakër të mëdha, të copëtuara
- qumështi i gjirit ose formula për t'u holluar

Drejtimet
a) Ziejini patatet dhe lulelakrën me avull derisa të zbuten (10 – 15 minuta), më pas vendosini në gotën tuaj, shtoni djathin dhe përziejeni në një konsistencë të qetë duke përdorur përpunuesin e dorës.

b) Hollohet me pak qumësht gjiri ose formulë në konsistencën e duhur për fëmijën tuaj.

94. Pure e mbetur e gjelit të detit dhe patates

Porcionet: 4

Përbërësit
- 100 gr gjeldeti i mbetur, i gatuar dhe i prerë imët
- 200 g patate të pjekura të mbetura
- ujë për përpunim

Drejtimet
a) Vendosni gjysmën e gjelit të detit dhe patateve në gotë dhe shtoni ujë sipas nevojës për përpunim.
b) Përpunoni duke përdorur përpunuesin tuaj të dorës derisa të përftohet një pure e hollë.
c) Përsëriteni këtë proces për pjesën e mbetur të gjelit të detit dhe patates.

95. Pure merluci dhe orizi

Porcionet: 3-4

Përbërësit

- 50 gr oriz
- 100 ml ujë
- 40 gr fileto merluci, të hequr nga lëkura dhe pa kocka
- disa degë majdanoz

Drejtimet

a) Vendosni orizin dhe ujin në një tigan, përzieni një herë dhe ziejini për 10 minuta.

b) Shtoni peshkun dhe gatuajeni edhe për 10 minuta, duke shtuar ujë shtesë nëse është e nevojshme. Në fund shtoni majdanozin dhe gatuajeni për 2 minuta.

c) Përziejini në tigan duke përdorur procesorin tuaj të dorës.

96. Pure me thjerrëza të kuqe

Porcionet: 3-4

Përbërësit
- 125 g thjerrëza të kuqe
- 25 g qepë, të copëtuara
- 1 luge vaj
- 25 gr karotë të grirë hollë
- 500 ml ujë

Drejtimet

a) Lani dhe kulloni mirë thjerrëzat. Thitheni gjatë natës (nëse Udhëzimet në pako thonë se kjo kërkohet). Kaurdisni qepën në vaj për 4-6 minuta derisa të zbutet. Shtoni karotën dhe vazhdoni zierjen edhe për 4-5 minuta të tjera.

b) Shtoni thjerrëzat e kulluara dhe ujin. Lërini të ziejnë, më pas ziejini për 45 minuta ose derisa thjerrëzat të jenë të buta. Kullojeni përzierjen dhe bëjeni purenë në tigan duke

c) përdorur procesorin e dorës.

d) Kjo pjatë mund të bëjë një dhal pikant për të shoqëruar karin. Për ta bërë këtë, ndani përzierjen e thjerrëzave të ziera në gjysmë, rezervoni njërën pjesë si pure për fëmijën tuaj, dhe tjetrën shtoni në një tigan me pak karri pluhur ose pastë të skuqur, përzieni dhe shërbejeni.

97. Bizele jeshile me pure menteje

Porcionet: 3-4

Përbërësit
- 200 g bizele të freskëta ose të ngrira
- 150 ml ujë
- Një grusht mente të freskët

Drejtimet
a) Shtoni bizelet në ujin në një tigan. Lëreni të vlojë dhe ziejini.
b) Shtoni një sasi të vogël nenexhiku të freskët dhe, kur të gatuhet, provoni butësinë dhe përzieni në konsistencën e dëshiruar duke përdorur përpunuesin e dorës, duke shtuar qumësht lope me yndyrë të plotë sipas nevojës.

98. Pure patate e ëmbël dhe e bardhë

Porcionet: 6

Përbërësit
- 200 gr patate të qëruara dhe të prera në kubikë
- 200 gr patate e ëmbël, e qëruar dhe e prerë në kubikë
- 25 g gjalpë
- 50 ml qumësht (qumështi i lopës, qumështi i gjirit ose qumështi formulë, në varësi të fazës së të ushqyerit)
- 30 g djathë të grirë

Drejtimet
a) Vendosni patatet dhe patatet e ëmbla në një tigan me ujë të vluar, ulni nxehtësinë dhe ziejini për 1520 minuta, derisa të zbuten.
b) Kullojini më pas shtoni gjalpin, qumështin dhe djathin dhe përziejeni në një masë të trashë me përpunuesin tuaj të dorës.

99. Pure kungulli dhe dardha

Porcionet: 6

Përbërësit
- 200 gr kungull i zier me gjalpë
- 100 gr kajsi të thata (të zhytura në ujë për 30 minuta)
- 75 g rrush të thatë (të zhytur në lëng molle për 30 minuta)
- 1 dardhë shumë e pjekur, e qëruar, e prerë dhe e prerë

Drejtimet
a) Bëjini pure të gjithë përbërësit me procesorin tuaj të dorës në një konsistencë të teksturuar.

100. Pure "Popeye".

Porcionet: 6-8

Përbërësit

- 125 g patate të ëmbla, të qëruara dhe të prera në kubikë të vegjël
- 125 g karota të buta, të copëtuara
- 125 gr bishtaja, maja e hequr
- 125 gr spinaq
- 125 g bizele të ngrira

Drejtimet

a) Vendosni patatet e ëmbla dhe karotat në një avullore dhe ziejini në avull për 8 minuta. Shtoni përbërësit e mbetur dhe ngroheni për 6 minuta të tjera.

b) Hiqeni nga aparati me avull, më pas bëjeni pure në një masë të përafërt duke përdorur përpunuesin tuaj të dorës. Shërbejeni të ftohur.

KONKLUZION

Ndërsa foshnjat rriten, ata kanë nevojë për ushqim të fortë për të marrë lëndë ushqyese të mjaftueshme për rritje dhe zhvillim. Këto lëndë ushqyese thelbësore përfshijnë hekurin, zinkun dhe të tjerë.

Për 6 muajt e parë të jetës, foshnjat përdorin hekurin e ruajtur në trupin e tyre që kur ishin në mitër. Ata gjithashtu marrin pak hekur nga qumështi i gjirit dhe/ose formula për foshnjat. Por rezervat e hekurit të foshnjave ulen ndërsa rriten. Rreth 6 muajsh, foshnjat duhet të fillojnë të kenë ushqim të fortë.

Futja e lëndëve të ngurta është gjithashtu e rëndësishme për të ndihmuar foshnjat të mësojnë të hanë, duke u dhënë atyre përvojë të shijeve dhe teksteve të reja nga një sërë ushqimesh. Ai zhvillon dhëmbët dhe nofullat e tyre dhe ndërton aftësi të tjera që do t'u duhen më vonë për zhvillimin e gjuhës.